DONNE

Tutto ciò che ho capito di loro

Enrico G. Dapei

www.ingramcontent.com/pod-product-compliance
Lightning Source LLC
Chambersburg PA
CBHW061232280526
45784CB00006B/2738
* 9 7 8 1 2 9 1 7 3 4 7 2 0 *